PEDRO MICO

ANTONIO CALLADO

PEDRO MICO

1ª edição

Rio de Janeiro, 2015

Copyright © Teresa Carla Watson Callado e Paulo Crisostomo Watson Callado, 2015

Capa
Carolina Vaz

CIP-BRASIL. CATALOGAÇÃO NA PUBLICAÇÃO
SINDICATO NACIONAL DOS EDITORES DE LIVROS, RJ

Callado, Antonio, 1917-1997
C16p   Pedro Mico / Antonio Callado. – 1ª ed. – Rio de Janeiro: José Olympio, 2015.

ISBN 978-85-03-01263-8

1. Teatro brasileiro. I. Título.

15-22811

CDD: 869.92
CDU: 821.134.3(81)-2

Este livro foi revisado segundo o novo Acordo Ortográfico da Língua Portuguesa.

Todos os direitos reservados. Proibida a reprodução, armazenamento ou transmissão de partes deste livro, através de quaisquer meios, sem prévia autorização por escrito.
Reservam-se os direitos desta edição à
EDITORA JOSÉ OLYMPIO LTDA
Rua Argentina 171 – Rio de Janeiro, RJ – 20921-380 – Tel.: 2585-2000

Seja um leitor preferencial Record.
Cadastre-se e receba informações sobre nossos lançamentos e nossas promoções.

Atendimento e venda direta ao leitor:
mdireto@record.com.br ou (21) 2585-2002

Impresso no Brasil
2015

O VAIVÉM COMO MÉTODO:
O TEATRO DE ANTONIO CALLADO

João Cezar de Castro Rocha

A produção teatral de Antonio Callado ocorre num período de tempo relativamente curto, porém muito intenso.

De fato, sua primeira peça a ser encenada, *A cidade assassinada*, teve como tema os 400 anos da cidade de São Paulo, celebrados em 1954. O título se refere à transferência da população, do pelourinho — afinal, como ordenar uma povoação sem instrumentos de punição? — e dos foros da cidade de Santo André para São Paulo. Nesse processo, destacaram-se as figuras de João Ramalho e de José de Anchieta, prenunciando o embate entre modelos adversários de colonização, especialmente no tocante à sorte dos grupos indígenas. Recorde-se a fala sintomática de João Ramalho logo no início da ação: "Índio precisa é de enxada na mão e relho no lombo! Esses padres só se metem para atrapalhar".

Desse modo, em seu primeiro texto teatral, Callado começou a articular a visão do mundo característica de sua melhor literatura.

Em primeiro lugar, o espírito celebratório perde terreno para o exame crítico do passado. Repare-se na força do título, evocando menos a *fundação* de São Paulo do que a *decadência* de Santo André. Nas origens de uma nova ordem social, portanto, o autor ressalta a violência inerente ao processo histórico brasileiro.

Além disso, o pano de fundo do conflito entre João Ramalho e José de Anchieta remete à origem mesma de uma violência estrutural ainda hoje presente no cotidiano de nossas cidades. Vale dizer, tudo se passa como se a forma desumana e arbitrária com que os índios foram tratados nos primórdios da colonização tivesse moldado a própria história da civilização brasileira: esse conjunto de desmandos e desigualdades, dissecado e exposto na obra do autor de *Quarup* — e isso no teatro, no jornalismo e na literatura.

No mesmo ano, uma nova peça foi encenada, agora no Rio de Janeiro, e com elenco irretocável: Paulo Autran, Tônia Carrero e Adolfo Celi.

Não é tudo: o tema de *Frankel* estabelece um elo surpreendente entre o distante passado colonial e o presente do escritor, marcado pelo elogio ao progresso e pelo esboço da ideologia desenvolvimentista, que em poucos anos seria consagrada, durante a presidência de Juscelino Kubtischek, na construção de Brasília.

A trama se desenrola no Xingu, num posto do Serviço de Proteção aos Índios. Nesse cenário — em tudo oposto à crescente urbanização dos anos de 1950 —, um mistério, na verdade, um assassinato, reúne uma antropóloga, Estela, um jornalista, Mário Mota, um geólogo, Roberto, e o chefe do posto, João Camargo — cujo nome faz reverberar o João Ramalho de *A cidade assassinada*.

No início da peça, o pesquisador Frankel está morto e o tenso diálogo entre os personagens deve esclarecer as circunstâncias do ocorrido. Surgem, então, revelações que articulam um dos motivos dominantes de entendimento de Callado a respeito da história brasileira: a projeção fantasmática do passado no tempo atual.

Assim, ganha nova dimensão o aspecto sacrificial da morte do pesquisador. Nas palavras de João Camargo: "Os índios não estão conflagrados. Eles foram... foram... como se pode dizer? Foram apaziguados com a morte de Frankel".

O malogrado pesquisador teria levado a cabo experiências comportamentais que reduziram os índios ao papel de meras cobaias de laboratório. Ainda nas palavras de Camargo, o clorofórmio era sistematicamente utilizado "para adormecer índios e realizar 'pequenas intervenções psicológicas', como ele mesmo disse".

As duas primeiras peças, portanto, esboçam um retrato em preto e branco do dilema que atravessa a experiência histórica brasileira: o desprezo, por vezes vitimário, em relação ao "outro outro" — o índio, o preto, o pobre; em suma, todos aqueles distantes dos centros do poder.

A peça seguinte, *Pedro Mico*, de 1957, inaugurou o "teatro negro" de Antonio Callado.

Destaque-se a coerência do gesto.

Ora, se, nos textos iniciais, o índio, embora direta ou indiretamente estivesse em cena, não deixava de estar à margem, agora, o excluído por definição do universo urbano — o preto, favelado e marginal — assume o protagonismo, esboçando o desenho da utopia que marcou a literatura do autor de *Tempo de Arraes*: a possibilidade de uma revolta organizada, talvez mesmo de uma revolução, a fim de superar as desigualdades estruturadoras da ordem social nos tristes trópicos.

Pedro Mico é um típico malandro carioca, sedutor e bem falante, que, perseguido pela polícia, se encontra escondido num barraco do morro da Catacumba. Em aparência, o malandro não tem saída. Eis, então, que sua nova amante, a prostituta Aparecida, imagina um paralelo que enobrece o desafio: "O Zumbi deve ter sido um crioulo assim como você, bem parecido, despachado. (...) E não fazia nada de araque não. Se arrumou direitinho para poder lutar de verdade".

A história do líder negro inspirou o malandro carioca a inventar um modo astuto de enganar os policiais. Ele fingiu que se havia suicidado; afinal, como ele sussurrou: "Zumbi, mas vivo".

Os dois conseguem escapar ao cerco e, já no final da peça, Aparecida dá voz ao desejo nada obscuro de Callado: "Você já pensou, Pedro, se a turma de todos os morros combinasse para fazer uma descida dessa no mesmo dia?...".

A utopia se esboça, ainda que as contradições insistam em mantê-la no não lugar dos inúmeros morros da Catacumba que emolduram a cidade. Nas primeiras encenações de *Pedro Mico*, no Rio de Janeiro e em São Paulo, o protagonista foi representado por um ator branco pintado de preto.

(Pois é: *all that jaz* nos palcos tupiniquins...)

No mesmo ano de 1957, Callado escreveu *O colar de coral*. Outra vez, idêntica encruzilhada se afirmou no vaivém entre o atavismo do passado e as promessas de um presente com potencial revolucionário. O enredo associa a decadência do mundo rural, isto é, da família patriarcal, à reescrita de *Romeu e Julieta*.

Vejamos.

Os Monteiro e os Macedo, remanescentes de famílias um dia poderosas no Ceará, vivem seu prolongado eclipse no Rio de Janeiro. Nem a ruína econômica, tampouco a transferência para a capital do país atenuaram o ódio e a rivalidade das duas famílias.

Eis que o atavismo começa a ser superado pelo amor que une Claudio Macedo e Manuela Monteiro — aliás, ressalve-se a função transgressora e insubmissa da mulher no teatro de Antonio Callado. A intriga se resolve na determinação dos jovens amantes em romper com o ciclo interminável da vingança. Coube a Manuela materializar um novo tempo ao advertir duramente sua avó: "Cale essas histórias para sempre. Ninguém fará circular o ar pelo porão da sua saudade, atulhado de mortos. A senhora não ouviu Claudio delirante, que lhe dava uma lição. Uma pequena bomba cheia de sol acabou com o crime. Ele perdoou papai, você, Ezequias Macedo e Fernando Monteiro, todos os Macedos e Monteiros que rezavam sua ira em capelas de ódio".

Em *Raízes do Brasil* (1936), Sérgio Buarque de Hollanda supôs que o homem cordial, esse rebento do universo agrário e da família patriarcal, seria superado pela urbanização, cuja lógica, em tese objetiva e impessoal, deveria propiciar formas diversas de relacionamento, para além do predomínio do afeto e dos interesses particulares. A seu modo, Callado compartilhava a expectativa do historiador e a fala de Manuela é bem uma vela acendida em memória de um passado a ser definitivamente deixado para trás.

No ano seguinte, Callado aprofundou o gesto de reescrita da história, e, ao mesmo tempo, retomou o projeto do "teatro negro". Assim, em 1958, o autor de *A expedição Montaigne*, teve encenada *O tesouro de Chica da Silva*.

As venturas e desventuras da ex-escrava são bem conhecidas; por isso, importam ainda mais as torções impostas pelo autor à história.

Em primeiro lugar, Chica da Silva é protagonista indiscutida da trama, dominando os dominadores tanto pela sedução, quanto, e, sobretudo, pela astúcia. Macunaíma que se recusou a virar constelação, a ex-escrava do Tijuco decidiu brilhar sozinha! Inversão bem-sucedida que conheceu uma inspirada tradução cênica: no início da ação, Chica vê-se cercada por suas mucamas. E, como o coro nas tragédias gregas, elas pontuam suas peripécias, dialogando com a senhora e comentando as circunstâncias do tempo.

Heroína trágica: portanto, com toda a nobreza relacionada ao papel. Contudo, assim como Pedro Mico, Chica da Silva deseja a altivez da personagem, mas não sua queda inevitável. Para tanto, concebe um artifício que assegura sua liberdade e a prosperidade do contratador João Fernandes, reduzido à passividade, quase à inação. Cabe à ex-escrava dobrar o conde de Valadares: o *tesouro* do título se refere sobretudo à inteligência de Chica e não apenas aos diamantes das Minas Gerais, que, por certo, ela nunca deixou de acumular.

A sombra tutelar de Zumbi também é visível no drama; porém, de novo, a questão não é mais o elogio da morte heroica, porém o triunfo possível em condições adversas. Difícil equação, armada graças à astúcia de uma razão que faz sua a riqueza alheia, mas sem abdicar dos méritos próprios. Essa é a dialética que se presencia no autêntico duelo musical que opõe o conde de Valadares e a ex-escrava. Eis a troca de farpas e agudezas:

Valadares — Mas esta música... Isto é coisa de Viena d'Áustria, pois não?
Chica — Isto é do maestro daqui mesmo. Ele toca órgão na igreja de Santo Antônio. (...) Chega de música, maestro. O senhor conde quer agora um lundu e umas modinhas, quer música de quintal e de serenata.

Em 1958, mantendo o impressionante ritmo de sua produção teatral, Callado escreveu *A revolta da cachaça*, terceira peça do "teatro negro". Em alguma medida, ele aproveitou para acertar contas com o teatro brasileiro, num texto onde se dão as mãos metalinguagem e recuperação da história.
Explico.

Como vimos, nas primeiras apresentações de *Pedro Mico*, o papel do protagonista foi desempenhado por atores brancos pintados. Agora, surge em cena um ator negro — a peça foi dedicada a Grande Otelo, que deveria tê-la encenado; porém, o projeto não foi adiante —, cansado de repetir papéis subalternos: "Não aguento mais ser copeiro, punguista e assaltante".

De fato, Ambrósio tinha toda razão e, por isso, exigia de Vito, escritor seu amigo, que finalmente concluísse a peça escrita especialmente para ele e prometida há uns bons dez anos: "Preciso da peça, Vito! Ou você está querendo me sacanear? (...) Vai me tratar feito moleque? Eu te mato, Vito!"

O título da peça, aliás, alude à Revolta da Cachaça, sucedida no Rio de Janeiro de novembro de 1660 a abril do ano seguinte. O objetivo da rebelião era contestar o monopólio da produção do destilado e um de seus nomes mais destacados foi o do negro João de Angola. Mais uma vez, Callado recorre ao vaivém entre tempos históricos, oscilando da releitura do passado ao exame crítico do contemporâneo, cujos impasses são assim mais bem explicitados.

Por exemplo, recorde-se a fala incisiva de Ambrósio: "Quando a gente pensa que peças de teatro são escritas no Brasil desde que Cabral abriu a cortina desse palco (Anchieta já fazia teatro) parece incrível que esta seja a primeira que tem um preto como protagonista. (...) E preto-protagonista é crioulo mesmo e não preto pintado de branco".

Pois é: contudo, como esquecer que a peça não foi encenada na época de sua escrita?

Mais: permaneceu inédita até 1983, quando se publicaram os quatros textos do "teatro negro" num único volume.

Não será a força desse atavismo conservador o móvel da dramaturgia de Antonio Callado? Isto é, suas peças constituem uma forma de denúncia, uma rebeldia cênica diante da desigualdade nossa de cada dia.

Encerremos este breve estudo com um auto de Natal, reinterpretado à luz das transformações da sociedade brasileira no início dos anos 1960; o ciclo, assim, se fecha: da alusão aos autos de José de Anchieta, presente em *A cidade assassinada*, à estrutura de um auto em sua última peça.

Escrita em 1961, *Uma rede para Iemanjá*, completa o mosaico do "teatro negro". O enredo é singelo: Jacira, grávida, foi abandonada pelo marido, Manuel Seringueiro. Sozinha, prestes a parir, encontra, na praia, o personagem descrito como o "Pai do Juca", cuja fala inicial desvenda seu epíteto: "Está quase fazendo um ano certo, Iemanjá. É tempo de trazer de volta o meu menino...".

No primeiro plano, uma história de ilusões perdidas. Contudo, em meio a esse cenário, Jacira encontra ânimo para imaginar uma alternativa — como sempre, cabe à mulher articular a imagem da utopia: "Pai do Juca, você precisa deixar de pensar tanto no seu filho e em Iemanjá. Você anda misturando muito as coisas. Você sabe? Eu já estou quase consolada de ter perdido o meu Manuel. Não pense tanto no Juca. Deixe o consolo vir".

A peça termina no momento em que o filho de Jacira vai nascer. A rubrica do autor é precisa:

PANO LENTO

FIM

Ao que tudo indica, ainda mais lento é o ritmo das mudanças numa sociedade como a brasileira.

(O vaivém como método: crítica corrosiva de estruturas que se perpetuam.)

PERSONAGENS

PEDRO MICO
(malandro de morro, preto, 20 a 30 anos)

APARECIDA
(mulher branca, mesma idade, maltratada)

MELIZE
(meninota vizinha, mulata)

ZEMÉLIO
(irmão de Melize, meninote, mulato claro)

TRÊS INVESTIGADORES

ATO ÚNICO

(Representação externa e interna de um barracão no morro da Catacumba, à beira da lagoa Rodrigo de Freitas. O barracão se ergue encravado no barro, reforçado por estacas, como uma casa lacustre. No primeiro plano e pela direita, um caminho de barro circunda a casa.

No interior do barracão, único cômodo, naturalmente, todo o mobiliário de uma favela está acumulado: a lata de gasolina de carregar água, cama, fogão, mesa de pau com bancos. No canto do fogão, prateleiras com louça etc. Mas se sente que o dono da casa é um dandy *e um grande leitor dos jornais. Os jornais estão por toda parte. Na parede há um grande espelho e numa prateleira ao pé do espelho há dois pentes, brilhantina, escova e pasta, água-de-colônia. Num armário feito de caixote penduram-se uma roupa de panamá branco, outra de brim claro, um terno de sarjão azul-marinho, e, num barbante que passa diante das roupas, muitas gravatas, todas de cetim lustroso e cores vivas. O armário não tem porta. No chão do armário estão três pares de sapatos, de bico exageradamente longo, um vermelho, um bicolor e um de couro de boi, marrom e branco.*

A porta da rua é na parede do fundo, mais para a direita. Na parede da esquerda, bem visível, há uma janela fechada com uma tranca de madeira. Quando o pano se ergue, o espectador vê toda a cena em silhueta contra um céu claro, de noite de lua e estrelas. Uma mulher e um homem vêm de braços dados pela esquerda, passam pela frente do palco e sobem o caminho à direita. Ouve-se a porta de pau abrir, ilumina-se o barracão. A luz é de um lampião a querosene em cima da mesa. Melize está adormecida, sentada à mesa, um livro diante dela. Entram Aparecida e Pedro Mico.)

APARECIDA	— Você me disse que não morava com mulher.
PEDRO MICO	*(fechando a porta)* — Isto não é mulher. É uma franga aí da vizinha. Está doida para conhecer homem, mas não há de ser comigo não.
APARECIDA	— Tadinha, vai ver que ela gosta de ti mesmo.
PEDRO MICO	— Ah, que gosta, gosta. Mas isto não é vantagem não.
APARECIDA	— Ué...
PEDRO MICO	*(que tira o paletó branco e comprido e fica de blusão e calça de cintura alta e boca estreita, exagerando mais ainda o comprimento do sapato de bico fino)* — É isto mesmo, mulher. Tem vantagem não. Dona que chega aqui perto do degas perde logo a autonomia. Não digo isso de besta não. Até que dar sorte assim às vezes en-

che. Mulher muito apaixonada enche. Mas que é que a gente vai fazer!...

APARECIDA — Pretensão e água benta...
PEDRO MICO — Como é o negócio?
APARECIDA — Minha mãe sempre dizia isto quando a gente ficava presumida: pretensão e água benta cada um toma a que quer.
PEDRO MICO — Hum... Quer dizer que é só meter a mão na pia e enxaguar a cara.
APARECIDA — Não é o que você está fazendo, bem?
PEDRO MICO *(dando de ombros)* — Fica nas minhas redondezas e você vai ver. É fêmea que parece mato. Eu estou neste morro da Catacumba não tem dois meses e umas seis cabrochas já fizeram ranger as tábuas daquela cama ali. *(mostra com o beiço)*

Aparecida	*(petulante)* — Mas você parou na praia de Ipanema e veio me buscar. E já tinha muitos dias que você aparecia lá e ficava me manjando, não é mesmo?
Pedro Mico	— É que eu ando mesmo com saudade da vida de casado e queria uma mulher para viver junto. Mas aqui neste morro tudo quanto é mulher é analfa de pai e mãe! Eu vi logo que tu tinha pinta de saber ler.
Aparecida	*(rindo)* — Você me deu um espanto! Nunca ninguém me abarracou perguntando se eu sabia ler, ora veja.
Pedro Mico	— Da primeira vez que eu vi você lá na praia, assobiando pros homens de automóvel, tive vontade de te trazer pra uma experiência. Mas mulher analfabeta comigo não vai, não. Você disse que

sabia ler bem à beça. *(pega um jornal em cima da mesa)* Lê um troço aí.

APARECIDA *(lendo fluentemente mas sem parecer entender muito)* — "Os radicais-socialistas, liderados pelo *ex-premier* Mendès-France, uniram-se aos socialistas para pedir que o futuro governo da França seja formado por elementos dos dois partidos que concorreram às recentes eleições gerais sob a legenda da Frente Republicana..."

PEDRO MICO — Chega.

APARECIDA *(demasiado concentrada na leitura para ouvi-lo)* — "Por sua parte Pierre Poujade, líder do movimento contra os impostos, declarou que procurará aumentar..."

Pedro Mico	— Está muito chato.
Aparecida	— "...o número de filiados à sua organização e que talvez até tenham candidato próprio. U.P."
Pedro Mico	*(gritando)* — Ô mulher, como é que a gente te desliga? Vote!
Aparecida	— Ué...! Não estava direito, seu professor?...
Pedro Mico	— Estava, estava. Mas esse lero aí não resolve. *(vira páginas do jornal)* Aqui é que tem as coisas que interessam. Mete lá uma lida.
Aparecida	— "De estarrecer as declarações da esquartejadora."
Pedro Mico	— Vê lá se já tem notícia da cabeça. Cabra dos infernos esta Maria da Penha.
Aparecida	— Deixa ver. "Não houve nada de mais! O que está feito está feito." (para Pedro) Cruzes! Corta o cara em pedaços, depois ainda diz que não houve nada de mais...

PEDRO MICO	— Anda, vê lá a cabeça.
APARECIDA	— ..."O esquartejamento e o despacho"... "Esconderia alguém?"... Ah, está aqui: "Em seu primeiro relato Maria da Penha Pereira deu a versão de que colocara a cabeça da vítima dentro da mala e deixara na praia de Sepetiba. Ontem, ao prestar seu depoimento na Divisão de Polícia Técnica, esclareceu o fato, dizendo que a jogara no mar, naquela praia. As buscas efetuadas pela polícia, porém, foram até o momento infrutíferas e..."
PEDRO MICO	— Levanta a agulha aí. Senão a gente só lê esta danada desta Maria da Penha. *(rindo)* Eta crioulinha enfezada! Vai em frente.
APARECIDA	— Você ainda pensa que eu sou analfa, puxa?
PEDRO MICO	— Vamos lá. Vai lendo aí os títulos.

APARECIDA	— "Baleado, morreu no pronto-socorro."
PEDRO MICO	— Quem é o cara?
APARECIDA	— Um tal de... "José Leite, malandro de 21 anos, solteiro, morador na rua Araújo Leitão, 839, no Grajaú".
PEDRO MICO	— E que mais?
APARECIDA	— "Incríveis façanhas do cabo Chico da Caru. Interpretando a seu modo o estado de sítio prendeu inúmeras pessoas." "Assassinou o tio com dez canivetadas." "Caiu no conto do engenheiro." "Denunciado Russo do Norte." "Abatida pela própria irmã." "More no que é seu. Até muito pouco tempo isto não passava de um sonho." Ah, não, isto é anúncio de apartamento.
PEDRO MICO	— Aí não tem título sobre batidas de polícia em morro, tem?

APARECIDA	*(esquadrinhando a página)* — Não vejo nada disto não.
PEDRO MICO	*(esfregando as mãos e batendo palmas, satisfeito)* — Eu não digo? Uns ceguinhos. A gente vem pra zona sul e nem nada. *(bate com mais força)*
MELIZE	*(acordando)* — O quê?... Pedro Mico?... Não!
PEDRO MICO	*(amolado)* — Pronto! Acordou o broto.
MELIZE	— Quem é essa dona?
PEDRO MICO	— Não é da tua conta. Que é que tu está fazendo aí?
MELIZE	*(puxando o livro que tinha diante de si para o colo)* — Eu... Estava aqui esperando. Acendi a lamparina...
APARECIDA	*(tentando fazer camaradagem)* — Que livro é esse aí, filhinha?

MELIZE *(puxando mais o livro contra si mesma)* — Não é da sua conta, não, sua xereta.

PEDRO MICO *(tirando o livro de Melize e passando-o a Aparecida)* — É a cartilha dela. O bê-á-bá.

APARECIDA — É isto mesmo. *Primeiro livro de leitura.*

PEDRO MICO — Está seca pra aprender a ler pra ver se vem morar comigo. *(rindo e beliscando o rosto de Melize)* Tu dava tudo pra ninar aqui o papai todas as noites, hein!

MELIZE *(retirando o rosto)* — Pega meu livro aí com essa...

PEDRO MICO — Psiu! Luz vermelha nessa língua de jararaca!

MELIZE — ...essa vagabunda!

PEDRO MICO *(elevando a mão, sem bater)* — Olha que eu te dou a bênção! Mulher que eu trago aqui pra dentro é mulher de Pedro Mico, hein! Eu vou dizer a tua mãe que você agora passa as noites aqui me escorando. Um dia desses eu entro aqui meio agitado com a uca, te estranho e depois vão me chamar de infanticida e papa-broto.

MELIZE — Você fala muito, mas não resolve nada.

PEDRO MICO *(rindo)* — Qual, esta moçada de hoje é de amargar. Vai, sua sem-vergonha, vai dormir na tua casa.

MELIZE — Hoje você tem a velhota aí para fazer o café, não é?

APARECIDA *(sem ligar às piadas)* — Você vem me mostrar onde estão as coisas, o bule, o pó, o saco, o açúcar... Não sei onde está nada.

MELIZE *(correndo para a porta)* — Quem pega o homem descasca o abacaxi todo. Daqui a pouco você quer que eu faça a cama pra vocês depois deitarem.

(Melize sai batendo a porta.)

PEDRO MICO *(para Aparecida)* — Não te emagreças por isto não. Daqui a pouco a peste está aí de volta. E o irmão dela também não custa a estourar por aí. Ele me compra todos os jornais da manhã bem cedinho.

(Aparecida andando para o canto do fogão.)

APARECIDA — Vou fazer um cafezinho quente pra nós. E agora que você já me examinou à vontade, você podia ler a história da esquartejadora enquanto eu faço o café.

PEDRO MICO — Olha a gracinha. Eu perguntei logo se tu sabia ler porque eu queria

	ver se tu servia pra morar comigo, e eu sei muito bem que dois cegos só podem é dar com a testa no muro. Comigo não tem negócio de ler não.
APARECIDA	*(confusa)* — Ah... Eu... eu não sabia. Você é tão inteligente, tão despachado, sei lá. Pensei que você tinha aprendido a ler.
PEDRO MICO	— Eu não ia perder tempo com essa papagaiada. É muito mais fácil arranjar mulher que sabe ler do que encher o crânio de letras com traço, com chapeuzinho, com bolinha, com tudo quanto é raio de besteira. Toca o café pra frente. Daqui a pouco estão aí os jornais do dia. É tempo da gente engolir o café e meter um berço.

(Pedro vai até o fogão, põe a mão numa panelinha e a retira rápido, como quem se queimou. Abre a portinhola de ferro do fogão e aviva as brasas.)

Pedro Mico — A Melize deixou a água num foguinho mole. Isto ferve num instante. O pó está ali na lata azul.

(Pedro tira da prateleira e põe em cima do fogão o saco na sua armação de madeira. Aparecida vigia a água que ferve logo, mete uma colher de sopa na lata do café, mete duas colheres de pó na água fervendo, mexe um pouco, vira tudo dentro do saco, deixa escorrer o líquido para dentro do bule e finalmente espreme com a mão, como quem ordenha uma teta, o saco de café. Pedro continua a falar.)

Pedro Mico (*continuando*) — Esse negócio de ler é mesmo pra mulher. Quando eu vejo um homem lendo um troço até me dá vontade de cuspir. (cospe para o lado) Homem

	tem é que fazer os troços pro jornal escrever. No dia em que homem aprender a ler, mulher só vai servir pra um troço mais, e mulher só pra isto até é falta de respeito. Afinal a mãe da gente também é mulher.

APARECIDA — Você é mesmo um homem esquisito. Não esqueço você me perguntando se eu sabia ler em vez de perguntar meu preço, como fazem os homens que me pegam na praia.

PEDRO MICO — Quem pergunta preço é porque quer pagar.

APARECIDA (*rindo*) — Eu não achei mesmo que você tinha muita cara de pagar mulher, não, pra dizer a verdade.

PEDRO MICO — E eu vi logo, de longe, bem uns dez dias atrás, que você devia saber ler que nem um ADEVO-GADO. Tu tem jeito de família.

	Quanto tempo tem que tu está na vida?

Aparecida — *(acanhada)* — Pouco tempo. Eu não gosto de fazer a vida não.

Pedro Mico — Ah, não vem com esse lero por minha causa não. Eu vou com a cara de uma sujeita não importa lá o que ela faz. O que ela precisa é andar feito uma santa enquanto estiver comigo. Mas pra que o lero? Tem muito ofício aí sem ser pegar homem.

Aparecida — *(viva)* — Ah, isso tem. Mas pegar homem é melhor que pegar uma patroa atazanando a gente numa cozinha o dia inteiro, lá isso não tem dúvida. Eu me enchi de patroa, tá bem? E de tarde, quando eu ia tomar banho no Leblon, tanto branco grã-fino dava em cima de mim que eu comecei a marcar meus encontros lá mesmo.

PEDRO MICO — Isto! Eu gosto é de gente com iniciativa. Mas aonde é que tu aprendeu a ler nessa disparada toda?

APARECIDA *(importante)* — Ah, minha mãe era professora em Santíssimo, que é que você pensa? Eu estudei geografia, história, uma porção de coisas. Depois fiz a besteira de vir cá pra cidade...

PEDRO MICO — Besteira nada, menina. Você agora comigo está bem, se andar na linha. Eu fui mesmo com a tua cara. Que tempo que eu não topo com uma cara assim. *(Aparecida sorri, lisonjeada)* Subúrbio é lugar pra grilo e pingente. Subúrbio só tem um — a Mangueira. O resto é demagogia.

APARECIDA — Ah, Santíssimo é bom. Madureira, então! Você sabe que tem uns dois anos eu fui porta-estandarte da Império Serrano?

PEDRO MICO	— É, Madureira também vai. Mas mesmo em negócio de música Mangueira é a tal.
APARECIDA	— O café está pronto, Pedro...
PEDRO MICO	— É a primeira vez que tu me chama de Pedro.
APARECIDA	— É mesmo. E eu ia mesmo te perguntar. A Melize te chamou o quê? Pedro Mico, não foi? *(ela tira uma bandeja da prateleira atrás do fogão, arruma xícaras e açucareiro)*
PEDRO MICO	*(orgulhoso)* — Coisas desses repórteres de jornal. Bons meninos. Um deles sempre me chama de Pedro Escada, em vez de Pedro Mico. O negócio é que eu subo em qualquer morro, em qualquer parede. Entro num terceiro andar de edifício como se estivesse passando a perna num muro de quintal. Pulo ventana, mas bem no alto das paredes.

APARECIDA	*(estendendo-lhe uma xícara de café)* — Mas você... Você tem mesmo aparecido nos jornais?
PEDRO MICO	— Você pensa que eu boto as mulheres pra ler os coitadinhos pra quê? De vez em quando lá vem notícia do degas. E notícia do que a polícia está querendo fazer com o degas, o que é mais importante ainda.

(Os dois bebem o café. De repente Aparecida põe a xícara na mesa e bota as mãos na boca aberta.)

APARECIDA	— Ah!... Agora estou me lembrando. Pedro Mico! Você foi o cara que entrou naquele edifício de escritórios lá na cidade... Lá na rua Álvaro Alvim. O tal do Roubo do Marinheiro.
PEDRO MICO	*(ar superior, mas modesto)* — Foi o papai. Pensaram que era coisa de

	marinheiro por causa da minha corda de nós, com o gancho na ponta. Bobagem. Comprei tudo ali no mercado.
APARECIDA	— Mas como é que você conseguiu prender o gancho do meio da rua lá pra cima?
PEDRO MICO	— Ora, que pra cima que nada! Uma ruinha estreita daquela. Eu subi no prédio do outro lado da rua, subi direitinho de elevador, e fiquei esperando até de noite. Dali atirei o gancho na janela defronte, pelo vidro. Quando vi que ele estava bem preso joguei a corda na rua, desci e aí é que eu subi pra cima pela corda feito um naval.
APARECIDA	— Cruzes! Eu só de pensar fico tonta. Não posso com altura. Sinto um enjoo de morte e se não me agarro, caio logo.

PEDRO MICO — Tem disso comigo não. Me dê uma cordinha, três lençóis amarrados, qualquer escada de pano ou de pau e eu sou homem pra qualquer travessura.

APARECIDA — Agora eu estou me lembrando de outras histórias de Pedro Mico. Não foi você que entrou de noite dentro duma delegacia pra ver se soltava um cara lá? Você tem dado trabalho à polícia, hein, rapaz?

PEDRO MICO — Qual o quê! Até que não é tanto assim. Esse troço de delegacia foi lá no 19º Distrito. Só que eu não fui ver se soltava o cara. Soltei mesmo. A polícia é que enrustiu a história.

APARECIDA (*temerosa*) — Mas os tiras estão na tua pista, não estão?

PEDRO MICO — É, mas não me acham nunca. Em todo o caso vou voltar amanhã

	pra Mangueira. Lá eles estão sempre atrás da gente, mas lá a gente tem amigo de pagode.
APARECIDA	— Mas eles não sabem que você está aqui?
PEDRO MICO	— Parece que agora tem um cara de bigodinho rondando aí o morro, mas acho que não é tira não.
APARECIDA	— Vai ver que é, Pedro Mico. Cuidado. Quanto tempo tem que você saiu da Mangueira?
PEDRO MICO	— Ah, isso tem muito tempo. Tenho rodado um bocado por aí. Da Mangueira eu saí em setembro de 1953. Quando prenderam o Mauro Guerra. Eu trabalhava com ele.
APARECIDA	— Ih, aquele que foi cercado e encanado? Mas você com aquele cara, Pedro? Ele tinha até matado uma porção de gente.

Pedro Mico	— Qual, não foi tanta gente assim não. E era gente que não prestava. Uns moleques desabusados, uns donos de boteco que não fiam nem pras mães deles, tudo cara assim.
Aparecida	— E a polícia tem andado na tua pista desde aquele tempo?
Pedro Mico	— Tem, mas cada vez me encontra menos.

(Batem à porta. Aparecida se levanta assustada.)

Pedro Mico	(chegando bem junto da porta) — Quem é?
Zemélio	*(fora)* — Eu, Zemélio.
Pedro Mico	*(abrindo a porta)* — Que é isto? Não vai me dizer que já saíram os jornais.
Zemélio	— Não, Pedro Mico, mas eu já andava lá por baixo, no jornaleiro da Fonte da Saudade, quando vi outra vez o tal do sujeito...

Pedro Mico — Já sei, já sei, seu bobo. O tal cara do bigodinho que anda te tirando o sono.

Zemélio — Pedro Mico, tu nunca viu pinta de tira assim. Tu pode enfiar aquele cara numa procissão, de vela na mão, que a pinta não sai. No outro dia ele estava andando aí pela beira da Lagoa como quem não queria nada, mas de olho aceso cá pra cima e aí ele tirou... *(como se já tivesse feito o mesmo antes, Pedro Mico vai falando ao mesmo tempo que Zemélio)*

Pedro Mico/Zemélio — ...E aí ele tirou um binóculo do bolso e aí mirou bem cá pra cima.

Zemélio — Tu está aí zombando, Pedro Mico, mas hoje o mesmo cara do bigodinho estava no jornaleiro perguntando coisas aqui do morro.

Pedro Mico	— Que coisas, moleque Zemélio?
Zemélio	— Ah, negócio aí de saber se muita gente entra e sai dos barracos daqui, quando é que veio gente de fora, se tem gente que aluga casa e não sei mais o quê... Ele estava riscando num papel e perguntando quantas entradas tinha no Catacumba.
Pedro Mico	— Falou aqui no papai?
Zemélio	— Não, mas perguntou o caminho pra casa do Juca Porco, que mora não tem dez minutos daqui. É pra marcar tua casa, Pedro Mico!
Pedro Mico	— Isso dá até lá na Mangueira. De repente fica todo mundo enxergando tira até nas árvores. Quando acaba é algum cara da prefeitura contando gente, vendo onde é que vão botar umas bicas que não chegam nunca ou uma xavecada assim. Tira vem é

	em carro da patrulha e mete os peitos. Se não pegar ninguém, não faz mal. A batida está feita. Ganharam o dia.
Zemélio	*(olhando Aparecida desconfiado)* — Quem é a cara?
Pedro Mico	— Dona Maria Aparecida, Zemélio. Ela vai comigo pra Mangueira amanhã. Ela lê jornal melhor que tu carrega água na cabeça.
Zemélio	— Você se lembra daquela história que o Mané Carpinteiro leu outro dia pra gente?
Pedro Mico	— Que história?
Zemélio	— Das mulheres que a polícia usa pra pegar bandido. Elas fingem de muito liga e de repente — pimba! — assobiam pros tiras e lá vem borracha e tiro.
Pedro Mico	— Ah, aquilo não era aqui no Brasil não. Era num raio dum país lá... *(mesmo assim ele olha com es-*

tranheza para Aparecida) Mulher nenhuma tinha coragem de me fazer uma falseta dessas. Foi tem uns dez dias que eu te vi primeiro lá na praia. Tu nem me prestou atenção. Depois...

APARECIDA *(séria)* — Por essa luz que me alumia, Pedro Mico, não tenho nem nunca tive nada que ver com tira na minha vida. Por essa luz que me alumia...

ZEMÉLIO *(sarcástico)* — Luz de lampião!...

APARECIDA — Pela luz de Nosso Senhor Jesus Cristo. Ele que tire ela dos meus olhos se eu estiver mentindo.

ZEMÉLIO *(com nojo)* — Ah, metendo essa parolagem de Nosso Senhor pra cima da gente e pegando homem na praia.

PEDRO MICO *(furioso, segurando o guri pelos cotovelos e jogando-o no chão, a um canto)* — Escuta, ô guri, você e tua irmã passam a vida me aporrinhando aqui. Tu ainda enchia menos, mas agora está de morte. Se tu solta um outro pio, te esborracho o coco na parede. *(alisa a roupa, meio envergonhado do acesso de raiva)* Ainda quer ir pra Mangueira! Chato não pega lá de jeito nenhum. Chato lá fica de raiz de fora até secar todo. *(Zemélio levanta do chão sem saber pra onde olhar)*

APARECIDA — Bom, o rapaz quer um café também. Onde é que tem outra xícara, Pedro Mico?

PEDRO MICO *(aliviado por ter alguma coisa que fazer)* — Espera aí que eu apanho.

(Pega a xícara e dá a Aparecida, que a enche de café e leva a Zemélio.)

APARECIDA — Tome o seu café, Zemélio.

(Zemélio senta, mexe o café, cabeça baixa.)

APARECIDA	— Zemélio é um nome bonito. Quem foi que escolheu o nome? Teu padrinho?
ZEMÉLIO	— Sei não. Meu pai é que se chama José e minha mãe Amélia.
APARECIDA	— Ah, sim, foi só juntar os dois nomes.
ZEMÉLIO	— É. Feito Melize também.
APARECIDA	— Ah, sim, Melize também é Amélia e José.
ZEMÉLIO	*(bebendo o café depressa)* — Bom, eu vou devagarinho buscar os jornais. *(sai Zemélio, mas fica um pouco de constrangimento)*
PEDRO MICO	— Eu não gosto de bater em fedelho. Quando eu tinha a idade dele risquei de navalha um cara que me deu um tapa. Foi ele dar o tapa e a manhosa já estava cortando aquela fuça.
APARECIDA	*(que se acerca de Pedro Mico e lhe afaga a cabeça)* — O Zemélio é seu faixa. Ele sabe que você gosta dele.

Pedro Mico	— Ele só fica mesmo por conta do à toa quando eu digo que não vou levar ele pra Mangueira. *(passa o braço pela cintura de Aparecida)* Vamos descansar um pouco? Daqui a pouco é dia claro.

(Pedro levanta, dá um beijo em Aparecida e os dois se encaminham para a cama, começando a despir-se com naturalidade. Ele senta na beira da cama para tirar o sapato. Batem na porta. Aparecida estremece e baixa a saia que já tinha levantado sobre a combinação, para tirá-la pela cabeça.)

Pedro Mico	*(indo à porta)* — Quem é?
Melize	*(fora)* — Eu, Melize.
Pedro Mico	*(danado)* — Vai-te embora, menina. Me deixa dormir um pouco. Já tive que dar um safanão no Zemélio ainda agorinha mesmo. Vai pro raio que te parta.
Melize	— Abre, Pedro, pelo amor que tu tem a tua mãe. Eu tenho que te contar um troço sério.

PEDRO MICO	*(abrindo a porta)* — Arre, família dos infernos. Aposto que você também vem com conversa do homem do bigodinho.
MELIZE	— Pedro Mico, não é conversa não. Eles estão querendo fazer com você aqui no Catacumba como fizeram com o teu cupincha lá na Mangueira. Eles andaram te acampando o tempo todo e agora vão te botar a mão em cima.
PEDRO MICO	— Te aquieta, broto. Pra pegarem o Mauro, teve que até um tira morar lá no morro antes. O tira andou passando a grana pra uma porção de caras que viviam dando o serviço pra ele.
MELIZE	— E como é que foi que tu soube que eles não estão fazendo a mesma coisa aqui? Como é que tu sabe que esta dona aí não está com os tiras?

PEDRO MICO — Já vi tudo. Você andou conversando com aquele otário do teu irmão. Esta cara eu peguei — tá bem? —, não foi ela que me gadanhou não.

MELIZE — E você acha mesmo que se ela é dos tiras ia gritar teu nome na rua e botar escudo da polícia por cima dos peitos? Você vai ver que daqui a pouco ela some de mansinho e numa meia hora os tiras estão aí, batendo na porta de cabo de revólver.

PEDRO MICO — Cala esta boca de mau agouro, cruzes! Você quando abre a goela só sai morcego. Sai, inhaca!

MELIZE *(ardente, segurando Pedro)* — Vai-te embora já, Pedro Mico. Vamos embora pra Mangueira. Eu vou com você pros infernos. Arruma a trouxa e vamos.

PEDRO MICO — Eu marquei a viagem pra amanhã, quer dizer, pra logo mais depois do almoço. Não há de ser um broto oferecido que vai me mudar os horários. Quem marca o trem é o papai.

Melize — Até na hora do almoço eles podem muito bem cercar todas as saídas do morro. E como é que você vai escapar? Não foi assim que eles encanaram teu amigo Mauro, não foi guardando as saídas e subindo depois pra casa dele feito um bando de formigas?

Pedro Mico — É, mas sem aquele tira se plantando lá no morro antes eles não pegavam o Mauro assim sem dedo no gatilho não.

Melize *(histérica)* — E essa vaca que está aí, essa vagabunda? Isto veio pra te azarar, Pedro. Aposto que ela te escorou na praia por conta dalgum cafetão da polícia.

Pedro Mico — Foi você que encheu teu irmão de besteira ou foi ele que andou te

	buzinando essas coisas? Esta mulher agora é minha. E vai comigo pra Mangueira.
MELIZE	— Não, não vai. *(chorando)* Ela vai trazer os tiras pra cá. Sai comigo, Pedro Mico. Esta vagabunda é tua perdição. É capaz até de já ter tira em volta da casa. Ela está te bigodeando pros tiras, Pedro Mico.
APARECIDA	*(nervosa)* — Pedro Mico, será que eu vim mesmo te trazer azar? Você quer que eu vá embora? Afinal a gente só se encontrou na praia...
MELIZE	*(feroz)* — Está vendo, Pedro Mico? Ela já está ficando com medo que a gente marrete ela aqui, antes de chegar o cafetão dela. Aposto que é o cara do bigodinho. Deixa ela ir mas enche ela de bofetada antes. Enche a lata desta pu... *(Pedro Mico dá um tapa curto em Melize)*

PEDRO MICO	— Olha, mulher que estiver com Pedro Mico ninguém chama disto não. Nem que ela tenha passado em revista todo o Corpo de Fuzileiros Navais. Nem que tenha sido do Mangue no tempo do cincão. Pendurou no meu braço é moça donzela de novo.

(Melize nem olha para Pedro Mico depois do tapa. Fita Aparecida com ódio e sai lentamente. Aparecida atira-se nos braços de Pedro Mico.)

APARECIDA	— Pedro Mico, meu bem, vamos embora já.
PEDRO MICO	*(exasperado)* — Virgem Maria! Você vai começar também? Eu enxoto a franga e a galinha começa a cacarejar!
APARECIDA	— Vamos, Pedro Mico!
PEDRO MICO	— Você está com medo dos tiras?
APARECIDA	*(fitando-o bem nos olhos)* — Não, Pedro Mico, eu estou com medo

	do amor de Melize. Do ciúme de Melize...
PEDRO MICO	— Melize diz que você é isca dos tiras e você diz que a Melize...
APARECIDA	— ...que a Melize é capaz de fazer alguma besteira pra se vingar de mim... e de você, que gosta mais de mim do que dela.
PEDRO MICO	*(segurando a cabeça com as mãos)* — Escuta aqui, Aparecida, eu prefiro ver os tiras entrando por aquela porta ali do que ficar entre você e esta doida da Melize. Vocês acabam metendo na minha cabeça que eu mesmo vou chamar os tiras.
APARECIDA	*(patética)* — Pedro Mico, bem, tu sabe o que é uma mulher com dor de corno, não sabe?
PEDRO MICO	— Sei o que é um cara com dor de cabeça, lá isto sei. Raios partam tudo quanto é fêmea deste mundo.

Se os tiras me pegam hoje e os jornais descobrem que você e Melize andaram batendo crista por minha causa, estou perdido. Em vez de valente macho como o Mauro Guerra vão é pensar que eu sou um Carne-Seca qualquer, todo louro e pestanudo. Mulher é pra ler jornal e dormir com a gente, não é pra dar palpite em negócio de homem não. Tu vê o negócio do Mauro Guerra...

(Vendo que ele não para de tagarelar, Aparecida senta-se desanimada e põe a cabeça entre as mãos.)

Pedro Mico	— O Mauro era homem de poucos amigos. Os cupinchas dele eram gente assim como o papai, que não mete opinião de mulher em negócio de homem.
Aparecida	— Adiantou muito! Ainda está em cana e tão cedo não dá as caras. E andou matando gente e tudo.

Pedro Mico — Ah, minha nega, a gente não pode ficar com muito luxo quando quer viver bem assim, não. (Pedro faz um gesto circular pelo barraco) Isto só se tem com tutano nos ossos e revólver na cinta. É isso aqui ou o cais do porto.

Aparecida (*sem levantar a cabeça*) — Você não olha, quando sobe pra cá, as casas da Lagoa? Aquilo sim. O 78 então, aquela casa branca da esquina, com o pé de flor vermelha!...

Pedro Mico — Ah, bom, aquilo é casa de doutor, de delegado. Ou então de americano ou inglês. Larga disso. E pra que é que a gente quer uma casa daquele tamanho, numa Lagoa besta dessa? O Carne-Seca era homem de gostar daquilo, sei lá, mas aqui o degas não. O Mauro não

	ficava um dia numa grã-finagem besta daquela!
APARECIDA	— Até me admiro um cara inteligente como você que só pensa em tiro e vida de morro!
PEDRO MICO	— Você está me chacoalhando, mulher?
APARECIDA	— Escuta aqui, Pedro Mico, eu estou contigo. Depois então do tabefe que você deu na coitada da Melize por minha causa fiquei embeiçada de vez. Vou pra onde você for enquanto você quiser me levar. *(resignada)* Vou até levar umas mães-bentas pra você na prisão. *(Pedro vai responder mas ela prossegue enérgica)* Mas escuta: você é coisa muito melhor que esses Zé da Ilha todos.
PEDRO MICO	— E quem é que falou no Zé da Ilha? Aquele mereceu o chumbo e a ponta de faca que meteram no couro dele. Aquele era todo seco

pela Alzira Diabo, andava numa amigação doida, deixava a Alzira se meter em tudo. Zé morreu nas mãos da turma dele mesmo, na macumba da rua Abatiré. E tu sabe por quê?

(Aparecida faz que não com a cabeça, desinteressada.)

Pedro Mico — Por causa dessa mania de papar broto. Quando ele se meteu a pastar os brotos do morro dele mesmo, a turma resolveu pegar ele. A menina que ele desgraçou e que acabou de fazer a turma danar da vida era muito mais nova ainda que a Melize. Os seios dela ainda estavam mais feitos de muque, feito peito de menino, do que do filezinho macio que vem depois. Eu conheci aquele moleque bem — e não tinha medo

	dele não, veja bem. *(sonhador)* Ele sabia tirar uma navalha do bolso, isto sabia.
APARECIDA	— Um desordeiro.
PEDRO MICO	*(mesmo)* — Lá no Jacarezinho uma noite saiu briga de criar bicho. Uns caras lá aproveitaram na saída pra ver se tiravam uma forra não sei de quê em cima do Zé da Ilha. Pegaram ele sozinho, debaixo duns pés de limão, e entraram de pau nele. Menina! A navalha assobiou pra fora do bolso dele feito um raio de luar e *(Pedro assobia)* fiu! fiu! fiu! lanhou uma cara, um pescoço e um braço. O do pescoço cortado ficou de costas no chão, com duas bocas abertas assim *(abre a boca)* e cheias de luar: a boca dele mesmo e a que a navalha de Zé tinha rasgado no pescoço dele.

Aparecida	— E acabou como coisa ruim que era.
Pedro Mico	— Até que ele acabou bonito. A molecada que estava seca de sangue dele sabia que ele ia na macumba do Engenho Novo e disse: vai ser lá mesmo. Se meteram no barraco do Pai Malaquias e quando ele já tinha mamado dois charutos e virado uma cuia de uca, aí então o Maneca Perna Fina, que estava perto do São Jorge, apagou a luz. Aí foi um tal de relâmpago e de estrondo de tiro que Exu deve ter baixado vivo no chão do Pai Malaquias. Nunca vi escarcéu maior na minha vida. Era feito a gente trancar um temporal num barraco e ouvir ele se espremendo pelas frinchas pra sair... Quando acendeu a luz, parecia que metade do pessoal tinha resolvido cortar o Zé com faca e a outra metade

coser ele com tiro. (SACUDINDO A CABEÇA) Era tanta bala que se o Zé pegasse embaixo da terra ia crescer um pé de chumbo no cemitério.

APARECIDA — Pois é, e o Carne-Seca pelo menos está vivo.

PEDRO MICO — Ah, cara besta aquele. Só quer mulher pra fazer farol. Ele enfia uma dona no braço feito quem enfia um anel no dedo. Todo metido a olho verde e cabelo louro. Homem de cabelo louro, vote! Se o meu fosse daquele jeito, feito cabelo de alemão, palavra que eu tingia. Só serve mesmo pro Carne-Seca, que aparece até em revista do rádio.

APARECIDA — Outro desordeiro.

PEDRO MICO — Tu conhece ele, mulher?

APARECIDA — Já vi ele num baile, sim, e ouvi ele conversando. Só contou prosa.

	Não disse nada pra gente repetir. *(indo para Pedro Mico)* Você é diferente, Pedro Mico, você é muito melhor do que esses cabras todos. E não é porque você quer me levar pra Mangueira não. Você é farinha muito mais fina, Pedro Mico, você podia fazer coisa muito melhor. A gente podia ter uma casa, Pedro Mico. Você... Quer dizer...
PEDRO MICO	— Vamos! Desembucha, mulher.
APARECIDA	— Você nunca matou nenhum polícia nem nada assim não, não é?
PEDRO MICO	— Neca. Quando eu posso sair no pulo do gato, não meto pata de tigre no caso não. Só matei um cara aqui no largo dos Leões, no Escondidinho, e a polícia até virou a cabeça pra fingir que não tinha visto. Era um peste dum cara

que andava pegando mulher nos cantos escuros, e que depois de se aproveitar matava elas. Um desses piolhos de moleque que a gente tem vontade de estourar na unha. Um dia ele se fez de besta comigo e eu que já conhecia a ficha dele enterrei a faca na barriga dele até o cabo. Ele não teve tempo nem de dizer mamãe.

APARECIDA — Escuta, Pedro, quer dizer que a polícia não está atrás de você por nenhum crime de morte.

PEDRO MICO — Não, mas a gente tem umas contas velhas pra acertar. A polícia quer me cobrar uma porção de joias e troço roubado que eu já nem sei quanto deu. E depois, tem o negócio do Mauro Guerra. Turma do Mauro quando resiste eles passam fogo. E eu vou resistir, ah, isto não tem nem dúvida. Se eles me botam a mão em cima, eu sou capaz de pegar uma cana dessas que dão barba branca até quando a gente entra na prisão de calça curta.

APARECIDA — Mas a gente pode sair do Rio, ir por aí... Pra Alagoas...

PEDRO MICO — Que negócio é esse agora de Alagoas? Onde é isto?

APARECIDA — Um bocado longe daqui, é terra da minha mãe. Ela sempre falava em Alagoas. Eu não quero ver você acabar aí feito um Mauro qualquer.

PEDRO MICO — Pra pegar o Mauro a polícia teve que tomar todo aquele troço que é o morro da Mangueira. Tá bem? Foi feito negócio de guerra, com espião e tudo. Foi feito coisa dos pracinhas lá na Itália quando tinham que tomar um morro cheio de soldados. Só que aqui em vez de pracinhas tinha esses tiras duma figa e em vez dum batalhão de soldados inimigos tinha o Maurinho no barraco dele. Os tiras vieram subindo, subindo, os guris do morro quiseram ir no barraco dele avisar ele, mas não podiam. Quem foi no barraco foi cara sem-vergonha lá do morro mesmo, dando o serviço pros tiras. Fingindo de amigo eles entravam no barraco, um de cada vez, pra dizer que os tiras vinham de um lado, depois que vinham do outro, depois pro Mauro fugir, depois pra ele se entregar que tinha muita gente lá fora. *(Pedro Mico representa tudo isto, apontando para um lado e para outro, pondo a mão em concha num ouvido e no outro etc.)* No fim o Mauro estava zonzo, aloprado. Quando os tiras acabaram de subir o morro, estava acabado.

APARECIDA	— O que é que ele fez, o teu Maurinho valente?
PEDRO MICO	— O que é que ele fez? Ué! Daquela nem Deus Nosso Senhor escapava. Ele se entregou. Foi encanado.
APARECIDA	— Eu já ouvi uma história assim, mas o homem não foi encanado não.
PEDRO MICO	— Quem foi? Aquele cara de Campo Grande que liquidou...
APARECIDA	— Não, é uma história velha, uma história que está nos livros, não está nos jornais.
PEDRO MICO	— Mete lá, não faz mal. Eu gosto de história assim.
APARECIDA	— Não, Pedro Mico, fica a gente aqui nessa conversa fiada... Sabe lá se o cara do bigodinho não está mesmo te escorando aí numa esquina dessas do morro. Vamos embora, Pedro Mico.

PEDRO MICO	— Ô, sua chata. Não fica feito a Melize, não, senão eu te planto a mão também. Mete lá.
APARECIDA	— Quando você estava falando aí nos tiras subindo o morro eu estava me lembrando da história do Zumbi.
PEDRO MICO	— Quem é o cara?
APARECIDA	— Ah, foi um preto escravo que viveu há muito tempo. Não sei por que, quando você estava falando fiquei pensando que o Zumbi deve ter sido um crioulo assim como você, bem-parecido, despachado. E o Zumbi não se entregou como Mauro Guerra não. E não fazia nada de araque não. Se arrumou direitinho pra poder lutar de verdade. Era escravo fugido, mas não fugiu sozinho não. Carregou com ele uma porção de escravos

	e subiram todos pra cima de um morro...
PEDRO MICO	— Qual foi o morro? Era por aqui o negócio? Aqui no Rio não tinha negócio de escravo não, tinha?
APARECIDA	— Tinha sim. Tenho quase certeza. Era no Brasil todo. Mas o morro não era aqui não. Era lá na terra da minha mãe. Eu me lembro da história no colégio e mamãe disse que tinha sido na terra dela. O tal morro chamava Palmares. Parece que tinha muita palmeira.
PEDRO MICO	— Então vai ver que era Palmeiras.
APARECIDA	*(impaciente)* — Ah, Pedro, assim não conto mais não. Já basta que a gente está aqui conversando feito uma galinha dentro da panela esperando que toquem fogo nos gravetos.

Pedro Mico — Antes que eu me esqueça, galinha é você. Vai metendo o Zumbi.

Aparecida *(entusiasmando-se)* — Eu não sei muito mais do que isto não. O Zumbi fugiu com os outros negros que estavam cheios de apanhar de chicote e de viver nuns barracos imundos e meteu os peitos no mato até chegar no tal morro dos Palmares. Lá não perdeu tempo com samba nem nada disso tudo que se faz hoje não. Fez muro, botou lá uma fortaleza, cercou o morro e aquilo ficou feito um país. Não me lembro quanto tempo durou não, mas, enquanto durou, foi pra valer. Todo mundo tinha casa decente, quintal, comida.

Pedro Mico — E depois?

Aparecida	— Depois eles foram atacados.
Pedro Mico	— Por quê?
Aparecida	— Por quê? Ué. Preto naquele tempo tinha dono. Dono no duro, como se fosse, sei lá, um boi. Tudo ali era feito boi fujão que na roça a gente busca a laço no chifre e ferrão no lombo.
Pedro Mico	— Ah, já ouvi falar nisso. Negro era burro de doer naquele tempo, vote! Tipo dos caras sem picardia. Mas então como é que foi?
Aparecida	— Foram atacados não sei quantas vezes e aguentaram a mão que não foi sopa. Mataram gente a valer.
Pedro Mico	— Mataram os tiras?
Aparecida	— Um bocado deles. Mas, afinal, o governo mandou um batalhão de verdade para lá, com canhão e tudo. Eles derrubaram o muro

da cidade que os pretos tinham feito lá e aí a tropa subiu o morro assim como você está dizendo que os policiais subiram a Mangueira para pegar o Mauro Guerra.

PEDRO MICO — E o tal do Zumbi?

APARECIDA — Ah, o Zumbi brigou feito um gato bravo, matou gente que não foi brincadeira. Enquanto teve um companheiro perto dele não parou de brigar. No fim, viu que estava tudo acabado...

PEDRO MICO — Mataram ele?

APARECIDA — Não... Ele foi lá no alto do tal morro dos Palmares, bem no lugar em que a pedra descia numa rampa de fim do mundo e se jogou lá de cima...

PEDRO MICO *(olhos grandes, ouvindo como um menino)* — E daí?... Bicho valente.

Aparecida	— Daí? Que é que você queria que acontecesse? Zumbi se espatifou nas pedras.
Pedro Mico	— Ah, isto é que foi uma pena.
Aparecida	— Escuta, Pedro, Zumbi não era homem de voltar para o dono dele, para levar de chicote, para ser encanado em cadeia pior que a de hoje ainda. E depois, Zumbi não era como esses malandros que andam folgando por aí e não se incomodam de comer grade. O que ele queria era mostrar pra pretada boba daquele tempo que eles também eram filhos de Deus.
Pedro Mico	— E mostrou como? Esse negócio de morrer no fim é danado. Ganha quem fica vivo.
Aparecida	— Não, Pedro, minha mãe lembrava esta história quando a gente andava numa disgra danada, antes

do meu pai morrer. Quando a gente morre não quer dizer que perde não. Tu sabe o que é que aconteceu no duro?

PEDRO MICO — Que foi?

APARECIDA — O Zumbi morreu assim de corpo, ficou todo espalhado lá nas pedras e nas árvores que quase não podiam ficar agarradas na pedra a pique que ia até lá o fundo da terra. Mas tu sabe que tudo quanto era dono de preto das redondezas começou a ver o Zumbi de noite?

PEDRO MICO — Não brinca...

APARECIDA — O Zumbi aparecia... (SENTE-SE QUE APARECIDA COMEÇA A INVENTAR) aparecia assim mesmo como tinha ficado depois de se atirar no despenhadeiro, todo sangrando, todo partido, a cabeça pelo meio, os braços quebrados, andando num pé só, feito o Caipora. Às vezes nas fazendas grandes só se ouvia a noite inteira gemidos e maldições, choro e dente rangendo, e de manhã tinha um rastro de sangue por todas as salas e quartos da casa-grande...

PEDRO MICO — Senhor...

APARECIDA — Teve uma porção de donos de escravos que ficou doido por causa do Zumbi que aparecia de noite. Um que gostava da mulher como um desesperado matou a mulher porque o Zumbi tinha dito a ele que para paga dos pecados que tinha feito contra os escravos só ficando padre.

PEDRO MICO — Ele então tinha matado a mulher só para obedecer o Zumbi e virar padre.

APARECIDA — Mas em vez disto a maldição do Zumbi continuou e ele foi morto pelo povo quando ia preso no dia seguinte, depois de matar a mulher dele. Ficou sendo a mula sem cabeça do Zumbi. Zumbi vinha montado nele quando vinha assombrar as fazendas. E todo ano, no dia em que o Zumbi tinha se atirado no despenhadeiro, o açúcar de todas aquelas fazendas ficava amargo feito jiló. Tinha de ir todo para o cocho dos porcos.

Pedro Mico — Puxa... E ainda fica amargo assim?

Aparecida *(caindo um pouco do seu entusiasmo)* — Isto não sei. Não sei não. Parece que o tempo acaba com quase tudo, não é? *(recuperando a flama e inventando)* Ah, não, não foi isto não. Agora me lembro. O açúcar deixou de ficar amargo no dia da morte do Zumbi quando os pretos deixaram de ser escravos. É, foi isto. Minha mãe sempre contava. Foi desde aquele ano.

Pedro Mico	— Que ano?
Aparecida	— Sei lá, mas foi no ano dos escravos não terem mais dono e só trabalharem onde quisessem. Aí no dia da morte do Zumbi, quando os fazendeiros iam levar o açúcar para o cocho dos porcos, provaram e se olharam espantados: o açúcar estava doce como mel! Tinha passado a maldição do Zumbi. Mas durou e durou até aquele dia da princesa.
Pedro Mico	— Uma tal de Isabel, não é? Quando branco quer chacoalhar a gente diz que se não fosse a princesa o Brasil ia muito melhor, não é?
Aparecida	— Isto é branco besta, que não respeita as coisas. A princesa convidou todos os pretos para uma festa. *(misturando suas lembranças de história)* Foi na tal da ilha Fiscal.

Todos os pretos vieram vestidos de seda branca e linho alvo e a princesa com uma rosa de ouro na mão ficou sentada enquanto eles beijavam a mão dela. Foi a última vez que eles beijaram mão de branco.

PEDRO MICO — Isso também foi lá na terra da tua mãe?

APARECIDA — Não, Pedro, a ilha Fiscal é bem aqui, não sei onde, mas é. Aqui perto de onde estão as barcas de Niterói. Está vendo? Você não sabe estas coisas. Você fica de olho arregalado com Mauro Guerra e nem sabe do Zumbi. Este sim é que foi homem. Morreu, mas fez muito mais do que se matasse branco à beça. Se ele não tivesse ficado assombrando todo este Brasil não aconteceria

	nada e os pretos estavam ainda cortando cana para branco adoçar o café.
PEDRO MICO	— É mesmo. Veja só, hein!
APARECIDA	*(solene)* — Minha mãe sempre dizia, quando acabava a história de Zumbi, que muitas vezes quem morre é que vence a batalha.
PEDRO MICO	*(balançando a cabeça em dúvida, mas trabalhando pela ideia)* — Hum... No caso do tal Zumbi foi mesmo assim.
APARECIDA	— Aquilo é que era homem, Pedro. Vamos embora daqui que tu ainda pode ser um homem de verdade também... Vamos embora depressa!

(Pedro, visivelmente impressionado, vai a um canto do barraco e puxa uma mala velha para o centro da sala. Puxa também um saco de lona.)

APARECIDA	— Você está se arrumando, Pedro Mico?...
PEDRO MICO	— Estou.
APARECIDA	— Ah, que bom.

(Pedro começa a enfiar um terno de roupa na mala, de costas para Aparecida. Esta põe a mão no peito, a cabeça para trás, respira fundo. Vai para a janela onde está a tranca, remove a tranca, abre a janela e debruça-se um instante no peitoril.)

APARECIDA	*(afastando-se da janela numa vertigem)* — Ai, socorro, Pedro... *(encosta-se na parede, com medo de cair)*

(Pedro Mico vem ao seu encontro.)

PEDRO MICO	— Que foi, bem?...
APARECIDA	— Pedro, que horror!... *(apontando para fora)* Que horror... *(Pedro*

Mico vai lá rápido, fecha a janela com a tranca)

PEDRO MICO — Ah, o despenhadeiro ali... Esqueci de dizer a você para não abrir a janela. É um bocado fundo, não é? Este diabo de casa está bem na beira do raio do morro. Pronto, já passou!... Foi um susto...

APARECIDA *(tremendo)* — Ai, Pedro, parece um pesadelo...

PEDRO MICO — Parece mesmo, nem planta consegue se agarrar no morro aí. O diabo vai aprumadinho até aquelas moitas e pedras lá de baixo. Outro dia, quando choveu tanto que parecia que a lagoa ia subir o morro, pensei que a chuva ia derreter o chão aqui embaixo e jogar este barraco feito uma caixa de fósforos lá no mato do fundo. Eu andei lá por baixo da casa

	xavecando a coisa. Mas está tudo bem. E o despenhadeiro tem ainda uma coisa de bom, pelo menos eu acho...
APARECIDA	(*interrompendo*) — Não é isso que está me assustando tanto não, Pedro, que está me botando mais tonta ainda do que eu fico, quando olho o chão assim do alto...
PEDRO MICO	— O que é então, sua assustada?
APARECIDA	(*agarrando o braço dele convulsivamente*) — É Zumbi...
PEDRO MICO	(*querendo se afastar dela, temeroso*) — Que é que tem isso com Zumbi?
APARECIDA	— Ele está chamando a gente, Pedro. Imagine, eu falando nele como estava falando, e falando na morte dele quando se jogou no despenhadeiro, imagine eu falando tudo isso sem saber da ribanceira aí, igualzinha à de Zumbi...

Pedro Mico	— Que é que tu está querendo com esta maluquice, mulher? Tu parece macumbeira. Deixa lá o Zumbi em paz...
Aparecida	— Eu não estou chamando Zumbi. Mas juro que ele está aí no fundo do barranco, sangrando lá nas moitas e nas pedras. Ele é que estava me soprando a história dele. Estou com medo, Pedro.
Pedro Mico	*(querendo parecer corajoso)* — Medo de quê? O Zumbi só assombrava os fazendeiros que batiam em preto, não é? Então que é que vai fazer com a gente?
Aparecida	*(trêmula)* — Pedro, eu acho que o Zumbi...
Pedro Mico	— O Zumbi quê?
Aparecida	— Está esperando a gente lá no fundo do despenhadeiro.
Pedro Mico	— Mulher, tu está querendo fazer a gente endoidecer? Cala esta boca e não diz mais maluquice.

APARECIDA	— Não, escuta, Pedro. Acho que ele estava esquecido, enrolado lá na morte dele há tanto tempo, sem ninguém falando mais nele e na morte dele e... e a gente falou, e falou... Ele veio. E eu disse que você não era homem como ele, que ele é que tinha sido valente... Ele está lá no fundo do despenhadeiro chamando a gente, Pedro... Se a gente não for lá, aposto que ele vem cá, manchando o barro do despenhadeiro de sangue, botando as pedras vermelhas de sangue, sujando as folhas de sangue. Vamos, Pedro, vamos fugir antes que ele puxe a gente para o fundo da ribanceira ou que ele entre aqui, Pedro, entre pela porta e venha arrastar a gente pela janela...

(A porta é pesadamente empurrada. Começou a clarear lá fora. Jornais caem no chão pela porta aberta. O de cima manchado de sangue. Zemélio entra em seguida, pálido, assustado, a mão esquerda manchada de sangue.)

Aparecida — É você?... Tem um homem ferido subindo o morro?

Zemélio (para Pedro) — Pedro Mico, agora a coisa está pra cabeça. Eu vinha subindo com os jornais e ESCUTEI MESMO, ESCUTEI, Pedro Mico, uma conversa do Bigodinho com mais dois caras da polícia. O Bigodinho estava dizendo que... que não sei quem lá tinha dado o serviço. Ele ainda disse: "agora não tem mico que salve o Pedro" e começaram a rir. "Logo que estiver claro", ele disse, "a gente pode subir que eu já sei onde é."

Pedro Mico — Foi só isso?

Zemélio	— Eu estava vendo se escutava mais, mas escorreguei na pedra onde tinha me agachado e um dos outros caras me pegou pela orelha perguntando que é que eu estava fazendo ali e eu disse que era jornaleiro, ele então só me empurrou no chão e eu ralei a mão na pedra.
Aparecida	— Vamos depressa.
Pedro Mico	*(para Zemélio)* — Se o Bigodinho soubesse mesmo onde é o meu barraco será que ia esperar? Qual o quê!
Zemélio	— Sabe no duro, Pedro Mico, mas sabe também que tu contou vantagem que só ia na hora do almoço. Então eles vão esperar que fique mais claro para pegar você na batata. Mete logo o pé.
Pedro Mico	— Como é que esse patife sabia até da hora... Zemélio! Como foi isto? Quem é que deu o serviço pros tiras?

ZEMÉLIO   *(confuso)* — Não sei, Pedro Mico.

PEDRO MICO   — Fala, Zemélio, eu sei que você é meu faixa. Fala logo.

ZEMÉLIO   *(sombrio, raivoso)* — Foi Melize. Eu tinha jurado a ela que não contava pra você. Ela deu com a língua nos dentes e depois veio me contar tudo, chorando feito uma boba. Me pediu pra vir te prevenir.

PEDRO MICO   — Você inventou a história da conversa dos tiras?

ZEMÉLIO   — Foi sim. Mas disse a você tudo que Melize me contou. E minha mão machuquei mesmo, correndo pra cá... Levei um tombo.

PEDRO MICO   *(batendo no ombro de Zemélio)* — Bom menino. E vamos meter o pé no mundo. Depressa...

(Pedro pega febrilmente as roupas, mete-as na mala. Aparecida, transida a um canto, benze-se, hesita, mas começa a enfiar gravatas no saco de lona. Todos param e estremecem quando ouvem um grito lá fora.)

Voz de Melize	*(bem longe)* — Foge, Pedro, a polícia... *(mais perto)* Pedro, foge. Eu contei tudo, Pedro... *(os três ficam imóveis, inteiriçados. Ouve-se ainda a voz de Melize)*
Melize	*(bem perto, fora)* — Foge logo, Pedro. *(abre a porta, atira-se aos pés de Pedro)* Vai, Pedro Mico, e se tu quer me mata antes. Eles iam esperar clarear, mas já vêm vindo, com medo de te perder. Tudo de revólver na mão. Três tiras. Vêm vindo pelos três lados do barraco. *(soluça)* Perdão, Pedro, foge.
Pedro Mico	*(empurrando Melize, sem brutalidade. Vai ao paletó e tira um revólver)* — Vivo não me levam não.
Melize	*(num assomo de energia)* — Eu vou falar com eles. Eles têm que me matar antes.

(Melize sai e Zemélio vai atrás.)

APARECIDA — Eu também vou sair, Pedro. Se a gente se agarrar com os tiras, eles não vêm logo. Vê se foge. Salva tua vida. E não dá tiro não, que eles te matam.

PEDRO MICO — Tu mesmo disse que homem não vai em cana. Que homem morre mas não se entrega.

APARECIDA — Pelo amor de Deus, Pedro, esquece as minhas besteiras. Deixa eles te encanarem, bem, não liga nada não. A gente tira você da prisão.

(Pedro a empurra para a saída.)

PEDRO MICO *(abrindo a porta e empurrando-a)* — Vai...

(Quando a porta fecha, o barraco fica em total escuridão. Acende o lado de fora. Veem-se de costas três investigadores iguais, chapéu desabado, ombros largos, revólver na mão. A cena entre eles três e Melize,

Zemélio e Aparecida é muda como uma pantomima. Melize e Zemélio estão na boca de cena e Aparecida no topo da ladeira à direita. Melize se atira no chão diante de um dos investigadores, que a empurra para o lado e a arrasta morro acima, rodeando a casa pela direita. Zemélio atira-se ao outro, que lhe dá um safanão, deixando o garoto sentado, a segurar a cara. Aparecida atira-se ao terceiro, que a empurra para o lado. Ela cai, tenta agarrar-se à perna do investigador, é sacudida para o lado por ele, levanta-se e o segue.

Finalmente a luz se acende. Os três investigadores estão na porta. Disparam em direção à plateia. Depois entram. Um dispara para a plateia, outro para a direita, outro para a esquerda ao mesmo tempo. Então reparam os três a janela escancarada. Entram aí as duas mulheres.)

MELIZE	*(num grito, apontando a janela)* — Lá!... Ai!... Ai, Deus de misericórdia!
APARECIDA	*(num grito lancinante)* — Pedro!... Ah, Zumbi te chamou, Pedro?... Pedro!

(Os investigadores chegam à janela. Um se debruça e, pálido, exibe o paletó de Pedro Mico, que apanhou do lado de fora.)

APARECIDA *(soluçando)* — Minha culpa, minha culpa, tudo minha culpa... Fui falar no morto, fui chamar o morto, o Zumbi... *(para Melize)* E tu, vendida, peste! *(cospe nela)* E vocês *(para os investigadores)*, seus filhos da mãe, seus cafetões. Acabaram com o melhor preto do Brasil, o Zumbi, mas ele há de perseguir vocês até a morte. *(vai à janela e chama)* Pedro, meu Pedro... Ah, você está na glória de Zumbi, meu Pedro.

(Os investigadores estão cabisbaixos.)

INVESTIGADOR — Vamos buscar o corpo lá embaixo.

(*Sai Melize. Aparecida fica chorando, sentada na mala, no meio do barraco, durante algum tempo. Aparece na janela a cabeça de Pedro. Aparecida que chorava, trêmula, olhos pregados na janela, abre a boca, ensaiando um grito, mas Pedro, braços já no peitoril, lhe faz sinal de silêncio, com o indicador nos lábios.*)

APARECIDA (*num grito sufocado*) — Pedro... (*faz o sinal da cruz*) Zumbi...

PEDRO MICO (*falando baixo, andando rápido, felino, puxa rapidamente para dentro do barraco uma longa corda, cuja ponta se atava num gancho preso ao peitoril da janela*) — Zumbi, mas vivo.

APARECIDA — Que é que você fez, homem de Deus?

PEDRO MICO — Corda, minha filha, e agora vamos depressa com essas trouxas. Temos quase uma meia hora para sair daqui. Até eles se convencerem de que não tem nenhum Pedro

	lá embaixo... E aposto que ainda ficam desconfiando que eu fiquei aí numa racha da ribanceira.
APARECIDA	— Ou que você tem corpo fechado, como diz essa gente da macumba. Acho que tem mesmo...
PEDRO MICO	*(atulhando as coisas na mala e na trouxa)* — Tua história do Zumbi valeu, sabe, Aparecida. Eu tinha posto a corda ali no dia da chuva para ver o que é que estava acontecendo por baixo da casa e resolvi deixar a bichinha lá. Eu sempre fico mais tranquilo com uma cordinha ou uma escada à mão. Quando eu vi que os tiras estavam chegando pensei no revólver. Depois o papai disse cá na cachola: no fogo eles me queimam mesmo. Se não é no fogo me encanam de não acabar mais. Vou dar o golpe do Zumbi neles.

APARECIDA	*(mão no peito)* — Você deu o golpe neles, mas quase me mata do coração.
PEDRO MICO	*(rindo)* — Eu peguei o paletó e pendurei ele logo aqui embaixo como se ele tivesse caído do meu lombo, desci pela corda até debaixo da casa e fiquei quieto feito um tatu, ou no duro feito um mico mesmo, pendurado num cipó.
APARECIDA	*(enérgica, saindo da pasmaceira de susto em que estava)* — Vamos embora, bem. E por onde? Como é que a gente faz?
PEDRO MICO	— Por onde? Pedro Mico quando se muda já pagou as contas. Pedro Mico sai pela porta da frente...
APARECIDA	— Pelo amor de Deus, Pedro, não vai fazer alguma besteira.
PEDRO MICO	— Que besteira nada, mulher. O pessoal está chacoalhando o

fundo da ribanceira e afastando moita de capim pra encontrar o papai.

APARECIDA — Então vamos depressa.

PEDRO MICO — Tu sabe de uma coisa? Enquanto eu estava pendurado na corda estava pensando: pode ser que seja boa ideia mesmo a gente começar vida nova lá em Alagoas.

APARECIDA — Não, Pedro, vamos para um outro estado. Bahia, sei lá...

PEDRO MICO — Ué, mulher, que foi que te deu?

APARECIDA — O troço do Zumbi foi lá que aconteceu, Pedro, em Alagoas. Só um cara que tem partes com o céu fazia o que você fez, bem. Eu garanto que você... Não sei não, Pedro. Acho que você é o Zumbi.

PEDRO MICO *(enfiando na cabeça o chapéu desabado e ajeitando as abas com um gesto de perito)* — É, quem sabe. Mas mais esperto. Se ele tivesse descido lá da pedreira dele de corda, minha filha, acho que resolvia melhor a encrenca.

Aparecida — É sim, Pedro, mas se ele estivesse aqui no Catacumba já tinha reunido todo o pessoal do morro em volta dele. Ele era um chefe de gente, um pai-d'égua. Se o Zumbi quisesse, esse morro inteiro baixava com ele e tomava as casas da Lagoa.

Pedro Mico — E depois a polícia vinha do mesmo jeito.

Aparecida — Pode ser. Mas imagine morar uns dias naquele 78, a casa branca da flor encarnada, com os balanços pra criança em cima da graminha verde... *(com energia súbita)* E não sei não, meu nego, se a gente fosse muita, muita mesmo,

	não sei se a gente não ficava com as casas não.
PEDRO MICO	— Ah, boba, deixa de ser da roça. Tu não entende disso. Tiravam a gente de lá em meia hora. *(sonhador)* Mas a descida era de arromba, hein! Essa macacada baixando toda junta daqui, de noite, uma noite bem de chuva. Era só a gente deslizar pra baixo com a lama. Eta-ferro!
APARECIDA	— E nós no 78, tomando uma batida no banco debaixo da árvore!
PEDRO MICO	— Casa, casa de morar permanente a coisa não dava não, minha nega. Mas dava uma reportagem de chacoalhar com os tiras.
APARECIDA	— Dava, pois é. Aí é que o Pedro Mico ficava conhecido mesmo. Tu ficava afamado em tudo quanto era morro do Rio.
PEDRO MICO	— Lá isso é.

APARECIDA	*(agarrando a boca da trouxa e pronta para carregá-la)* — Você já pensou, Pedro, se a turma de todos os morros combinasse para fazer uma descida dessa no mesmo dia?...
PEDRO MICO	*(fechando a mala, seduzido)* — Eta camaradinha doida, meu Deus! Tu é que tem parte com Exu, sua paraíba duma figa.
APARECIDA	*(intensa, jogando a trouxa para as costas)* — Tu já pensou, Pedro?!

(Pedro suspende a mala grande com a mão esquerda, relanceia os olhos pelo barraco a ver se esqueceu alguma coisa, abre a porta com a direita, olha para os lados cauteloso, dá a mão direita a Aparecida.)

PEDRO MICO	— Não. Mas vou pensar.

(Apaga-se a luz do barraco. O dia nascente lá fora recorta vivamente a silhueta dos dois de mãos dadas, ela com a corcunda da trouxa nas costas, ele com a

mala enorme a vergá-lo um pouco para a esquerda. Ficam parados um instante. Depois ele sai, cauteloso, puxando Aparecida pela mão.)

FIM

PERFIL DO AUTOR

O senhor das letras

Eric Nepomuceno
Escritor

Antonio Callado era conhecido, entre tantas outras coisas, pela sua elegância. Nelson Rodrigues dizia que ele era "o único inglês da vida real". Além da elegância, Callado também era conhecido pelo seu humor ágil, fino e certeiro. Sabia escolher os vinhos com severa paixão e agradecer as bondades de uma mesa generosa. E dos pistaches, claro. Afinal, haverá neste mundo alguém capaz de ignorar as qualidades essenciais de um pistache?

Pois Callado sabia disso tudo e de muito mais.

Tinha as longas caminhadas pela praia do Leblon. Ele, sempre tão elegante, nos dias mais tórridos enfrentava o sol com um chapeuzinho branco na cabeça, e eram três, quatro quilômetros numa caminhada puxada: estava escrevendo. Caminhava falando consigo mesmo: caminhava escrevendo. Vivendo. Porque Callado foi desses escritores que escreviam o que tinham vivido, ou dos que vivem o que vão escrever algum dia.

Era um homem de fala mansa, suave, firme. Só se alterava quando falava das mazelas do Brasil e dos vazios do mundo daquele fim de século passado. Indignava-se contra a injustiça, a miséria, os abismos sociais que faziam — e em boa medida ainda fazem — do Brasil um país de desiguais. Suas opiniões, nesse tema, eram de suave mas certeira e efetiva contundência. E mais: Callado dizia o que pensava, e o que pensava era sempre muito bem sedimentado. Eram palavras de uma lucidez cristalina.

Dizia que, ao longo do tempo, sua maneira de ver o mundo e a vida teve muitas mudanças, mas algumas — as essenciais — permaneceram intactas. "Sou e sempre fui um homem de esquerda", dizia ele. "Nunca me filiei a nenhum partido, a nenhuma organização, mas sempre soube qual era o meu rumo, o meu caminho." Permaneceu, até o fim, fiel, absolutamente fiel, ao seu pensamento. "Sempre fui um homem que crê no socialismo", assegurava ele.

Morava com Ana Arruda no apartamento de cobertura de um prédio baixo e discreto de uma rua tranquila do Leblon. O apartamento tinha dois andares. No de cima, um terraço mostrava o morro Dois Irmãos, a Pedra da Gávea e o mar que se estende do Leblon até o Arpoador. Da janela do quarto que ele usava como estúdio, aparecia esse mesmo mar, com toda a sua beleza intocável e sem fim.

O apartamento tinha móveis de um conforto antigo. Deixava nos visitantes a sensação de que Callado e Ana viviam desde sempre escudados numa atmosfera cálida. Havia um belo retrato dele pintado por seu amigo Cândido Portinari, de quem Callado havia escrito uma biografia. Aliás, escrita enquanto Portinari pintava seu retrato. Uma curiosa troca de impressões entre os dois, cada um usando suas ferramentas de trabalho para descrever o outro.

Havia também, no apartamento, dois grandes e bons óleos pintados por outro amigo, Carlos Scliar.

Callado sempre manteve uma rígida e prudente distância dos computadores. Escrevia em sua máquina Erika, alemã e robusta, até o dia em que ela não deu mais. Foi substituída por uma Olivetti, que usou até o fim da vida.

Na verdade, ele começava seus livros escrevendo à mão. Dizia que a literatura, para ele, estava muito ligada ao rascunho. Ou seja, ao texto lentamente trabalhado, o papel diante dos olhos, as correções que se sucediam. Só quando o texto adquiria certa consistência ele ia para a máquina de escrever.

Jamais falava do que estava escrevendo quando trabalhava num livro novo. A alguns amigos, soltava migalhas da história, poeira de informação. Dizia que um escritor está sempre trabalhando num livro, mesmo quando não está escrevendo. E, quando termina um livro, já tem outro na cabeça, mesmo que não perceba.

Era um escritor consagrado, um senhor das letras. Mas ainda assim carregava a dúvida de não ter feito o livro que queria. "A gente sente, quando está no começo da carreira, que algum dia fará um grande livro. O grande livro. Depois, acha que não conseguiu ainda, mas que está chegando perto. E, mais tarde, chega-se a uma altura em que até mesmo essa sensação começa a fraquejar...", dizia com certa névoa encobrindo seu rosto.

Levou essa dúvida até o fim — apesar de ter escrito grandes livros.

Foi também um jornalista especialmente ativo e rigoroso. Escrevia com os dez dedos, como corresponde aos profissionais de velha e boa cepa. E foi como jornalista que ele girou o mundo e fez de tudo um pouco, de correspondente de guerra na BBC britânica a testemunha do surgimento do Parque Nacional do Xingu, passando pela experiência definitiva de ter sido o único jornalista brasileiro, e um dos poucos, pouquíssimos ocidentais a entrar no então Vietnã do Norte em plena guerra desatada pelos Estados Unidos.

A carreira de jornalista ocupou a vaga que deveria ter sido de advogado. Diploma em direito, Callado tinha. Mas nunca exerceu o ofício. Começou a escrever em jornal em 1937 e enfrentou o dia a dia das redações até 1969. Soube estar, ou soube ser abençoado pela estrela da sorte: esteve sempre no lugar certo e na hora certa. Em 1948, por exemplo, estava cobrindo a 9ª Conferência Pan-americana em Bogotá quando explodiu a mais formidável rebelião popular ocorrida até então na Colômbia e uma das mais decisivas para a história contemporânea da América Latina, o Bogotazo. Tão formidável que marcou para sempre a vida de um jovem estudante de direito que tinha ido de Havana, um grandalhão chamado Fidel Castro, e que também acompanhou tudo aquilo de perto.

Houve um dia, em 1969, em que ele escreveu ao então diretor do *Jornal do Brasil* uma carta de demissão. Havia um motivo, alheio à vontade dos dois: a ditadura dos generais havia decidido cassar os direitos políticos de Antonio Callado pelo período de dez anos e explicitamente proibia que ele exercesse o ofício que desde 1937 garantia seu sustento. Foi preciso esperar até 1993 para voltar ao jornalismo, já não mais como repórter ou redator, mas como um articulista de texto refinado e com visão certeira das coisas.

Até o fim, Callado manteve, reforçada, sua perplexidade com os rumos do Brasil, com as mazelas da injustiça social. E até o fim abandonou qualquer otimismo e manteve acesa sua ira mais solene.

Sonhou ver uma reforma agrária que não aconteceu, sonhou com um dia não ver mais os milhões de brasileiros abandonados à própria sorte e à própria miséria. Era imensa sua indignação diante do Brasil ameaçado, espoliado, dizimado, um país injusto e que muitas vezes parecia, para ele, sem remédio. Às vezes dizia, com amargura, que duvidava que algum dia o Brasil deixaria de ser um país de segunda para se tornar um país de primeira. E o que faria essa diferença? "A educação", assegurava. "A escola. A formação de uma consciência, de uma noção de ter direito. Trabalho, emprego, justiça. Ou seja: o básico. Uma espécie de decência nacional. Porque já não é mais possível continuar convivendo com essa injustiça social, com esse egoísmo."

Sua capacidade de se indignar com aquele Brasil permaneceu intocada até o fim. Tinha, quando falava do que via, um brilho especial, uma espécie de luz que é própria dos que não se resignam.

Desde aquele 1997 em que Antonio Callado foi-se embora para sempre, muita coisa mudou neste país. Mas quem conheceu aquele homem elegante e indignado, que mereceu de Hélio Pellegrino a classificação de "um doce radical", sabe que ele continuaria insatisfeito, exigindo mais. Exigindo escolas, empregos, terras para quem não tem. Lutando, à sua maneira e com suas armas, para poder um dia abrir os olhos e ver um país de primeira classe. E tendo dúvidas, apesar de ser o senhor das letras, se algum dia faria, enfim, o livro que queria — e sem perceber que já tinha feito, que já tinha escrito grandes livros, definitivos livros.

Este livro foi composto na tipologia Minion Pro
Regular, em corpo 12/16,5, e impresso em papel
off-white 90g/m² no Sistema Digital Instant Duplex
da Divisão Gráfica da Distribuidora Record.